AF227354

ERNEST JOVY

LE PATRIOTISME

DISCOURS

PRONONCÉ A LA

Distribution des Prix du Collège de Loudun

LE 2 AOUT 1884

LOUDUN

IMPRIMERIE A. ROIFFÉ, PLACE DE LA BŒUFFETERIE

1885

L 57 6
11025.

6

Ernest JOVY

LE PATRIOTISME

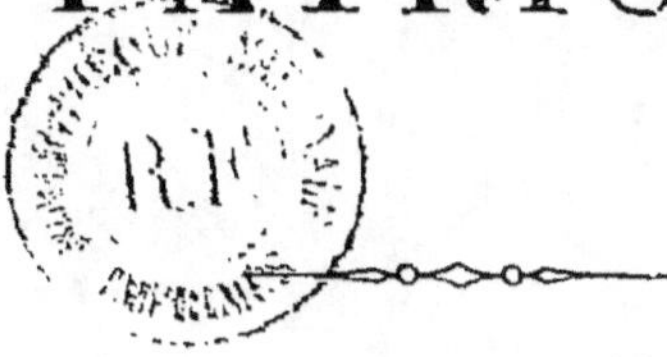

DISCOURS

PRONONCÉ A LA

Distribution des Prix du Collège de Loudun

LE 2 AOUT 1884

LOUDUN
IMPRIMERIE A. ROIFFÉ, PLACE DE LA BŒUFFETERIE
1885

Lb 57
11025

A Monsieur JOSEPH REINACH

HOMMAGE

De Reconnaissance et d'Affection.

LE PATRIOTISME

DISCOURS

**Prononcé à la Distribution des Prix
du Collège de Loudun**

LE 2 AOUT 1884

Depuis qu'existe cette cérémonie tradition-
nelle, on a demandé tant de fois déjà pardon
aux élèves de leur faire attendre le moment où
« ces couronnes allaient ceindre leurs jeunes
fronts » que vous me dispenserez de le refaire
pour vous. D'ailleurs je ne veux pas être long,
— et puis un ami a-t-il à s'excuser auprès de
ses amis de s'entretenir avec eux ?

Laissez-moi plutôt m'excuser auprès de vos
parents de retarder quelque peu la joie qu'ils
éprouveront en entendant prononcer vos noms,
le bonheur qu'ils auront à poser sur vos têtes,
en même temps que ces lauriers classiques,
bien des espérances et à penser que les lauréats

de nos concours scolaires seront aussi les lauréats de la vie.

Je veux aussi remercier tout de suite l'éminent Recteur de cette Académie de m'avoir confié l'honneur, — honneur périlleux, — de porter aujourd'hui la parole devant Monsieur l'Inspecteur d'Académie qui, en venant présider cette solennité, nous donne une preuve nouvelle de sa bienveillance et de sa vive sollicitude pour notre vieux Collège, devant cette assistance d'élite, devant tous ces représentants de l'Etat et de la Cité qui, par leur présence, marquent hautement l'intérêt qu'ils portent aux bonnes études et à notre chère Université de France.

L'Université, jeunes élèves, n'a pas d'autre objet que d'allumer dans vos âmes la flamme divine des saints enthousiasmes et d'exciter en vous les nobles sentiments et les hautes pensées, ces foyers immortels de la grandeur des nations aussi bien que du génie des écrivains et des artistes. Elle désire surtout souffler dans vos cœurs l'amour de la Patrie. Aussi, pour atteindre plus sûrement ce but, a-t-elle dans ces dernières années imprimé à tout son enseignement, à ses programmes un cachet plus véritablement national. Elle a compris qu'il y avait une pédagogie sociale et patriotique sans laquelle on ne ferait que des lettrés ou des savants, mais non des citoyens, qu'il fallait vous nourrir d'idées généreuses et de vigoureuses maximes et que par là elle formerait, elle façonnerait l'esprit et la conscience publique. Elle veut que vous ne soyez plus isolés dans l'antiquité, que vous viviez votre vie, que vous participiez d'avance à tous les exercices de la virilité et qu'en apprenant à aimer, à glorifier la France, vous appreniez aussi à la défendre. Elle veut enfin que vous entrevoyiez constamment par l'histoire, par la lecture, par la réflexion les horizons de la patrie que les élèves, vos prédécesseurs, n'apercevaient presque jamais.

Qu'est-ce donc que cette Patrie pour laquelle on cherche à vous inspirer un si profond amour? Quel doit être cet amour ? Voilà les deux questions sur lesquelles je voudrais vous dire ou plutôt vous redire quelques mots.

Qu'est-ce que notre Patrie ? Qu'est-ce que ce grand être moral dont nous sommes les membres ? Qu'est-ce que cette nation qui est notre grande famille?

Il y a un peuple que la Grèce, avant de mourir, a touché de son génie, auquel Rome a légué sa sagesse avec sa force, et ce peuple, c'est le nôtre. Ce peuple est le héros de l'action, le soldat de l'idée, le champion de la justice. Il a la verve de la gloire. Le sublime est sa nature. Aussi la belle histoire que son histoire !

Nos annales ne sont-elles pas une suite ininterrompue de victoires ou de prouesses ? Quel peuple fut plus brave, eut davantage la folie du glaive ? Avec quelle insouciante gaîté il s'élance au-devant de la mort, avec quelle vaillance naturelle et sans contrainte il verse son sang ! Comme les courses aventureuses et hardies plaisaient au génie et à l'épée de nos pères ! Quelles magnifiques explosions d'héroïsme au grand soleil des luttes épiques !

Que de preux et de paladins, de chevaliers et de grands capitaines, de stratégistes profonds et de tacticiens consommés ! Faut-il rappeler les Lahire et les Dunois, les Gaston de Foix et les Bayard, les Turenne et les Condé, les Hoche et les Marceau, les Kléber et les Desaix, ces types impérissables de la valeur française ? Et à côté de ces organisateurs de nos victoires que célèbrent des voix éloquentes et que l'histoire environne d'un pompeux éclat, que de valeureux inconnus, membres obscurs de nos illustres armées, que d'âmes fières et ignorées nous ont au prix de leur sang créé notre patrie et fait notre France :

. . . . Sublimes animas quæ sanguine nobis
Hanc patriam peperere suo . . . .

Et comme ce peuple nourricier de tant de héros semble appelé à une vocation superbe. Il est d'une nature si noble et si chevaleresque qu'il a répandu ses bienfaits sur tous les autres peuples avec une infatigable prodigalité, qu'il a comme un cœur de frère pour les autres nations et qu'il s'est constitué le défenseur perpétuel de la civilisation et du droit. Faire régner dans la terre entière et l'ordre et la justice, donner aux hommes un amour plus saint, une plus large fraternité, faire siennes toutes les grandes causes d'où dépend le sort du genre humain, telle est l'idée profonde qui vit en lui et semble comme la trame de ses destinées.

Au premier appel du droit méconnu, au premier cri de la justice offensée, ce fils aîné de la liberté se lève.

Il se lève et généreusement il prodigue l'inépuisable trésor de son sang pour les petits et les faibles, pour les vaincus et les victimes, pour le triomphe de la vérité et l'indépendance des autres contrées.

Il se lève pour aller au-delà des mers contribuer à l'établissement de la grande République américaine.

Il se lève pour porter partout aux nations opprimées les principes puissants de la Révolution, pour mettre en fuite les vieux despotismes aveuglés et terrifiés et , à sa voix qui résonne comme un clairon de guerre, ressuscitent d'héroïques nations mortes ou naissent de jeunes nationalités : la Hongrie, la Pologne, la Belgique, la Grèce, l'Italie.

Et c'est ainsi que la France a traversé les siècles et l'histoire avec le prestige d'une mission civilisatrice unique et portant au front une sorte d'auréole sacrée. C'est ainsi que son cœur exquis où retentissent toutes les douleurs, où tous les cris de détresse trouvent un écho, est devenu le cœur de l'Europe.

Cette magistrature morale, la France l'exerce encore aujourd'hui malgré tout et quand même : Lorsque la cause du droit sera en danger, de qui les peuples menacés par les jeux cruels de la politique, la plume d'un ambitieux ou l'épée d'un barbare attendront-ils leur salut ? Vers qui se tourneront-ils ? Sera-ce vers l'égoïste Angleterre, vers la cupide Allemagne ? Que restera-t-il pour déjouer les attentats de la violence et les hypocrisies de la force, pour combattre les combats du sang et de l'esprit en l'honneur de l'humanité outragée ? Que restera-t-il, Messieurs ? — La France.

Notre pays a donc joué et doit jouer un rôle

capital dans l'action ; mais il y a quelque chose
d'aussi grand que l'action, c'est la pensée. La
France n'est pas moins grande par la pensée que
par l'action et, — pardonnez-moi une compa-
raison peut-être trop classique,—si notre Patrie
est la Pallas, ayant toujours une cuirasse, le
casque en tête et la lance à la main, elle est aussi
la Minerve couronnée d'étoiles.

Chez quel peuple, je vous le demande, se sont
rencontrés des poètes qui aient chanté dans des
vers plus harmonieux les mystères les plus doux
de l'âme humaine et nos aspirations vers l'infini,
des philosophes qui aient d'un effort plus acharné sondé l'essence des choses, des savants qui
aient avec plus de passion incliné sur la nature
leurs fronts chargés de pensées, des orateurs
qui aient mis au service de la justice une éloquence plus sympathique et plus vibrante ? Et
comme tous ces merveilleux ouvriers de l'intelligence, comme ces serviteurs de la lumière
sont admirablement servis et secondés par notre
langue, — cette langue exacte et précise, lumi-
neuse et logique qu'un Allemand proclamait
« la langue maternelle du bon sens et de la raison universelle, » — cette langue « délectable »
par laquelle nous sommes bien plus influents
que par nos armes, quoiqu'elles aient ébranlé
l'univers ! Aussi voyez quelle suprématie spiri-

tuelle exerce notre patrie sur le reste du monde par ses lettres et ses arts, par ses livres, sa tribune et sa presse ! Ne combat-elle pas pour la défense de l'équité avec la plume comme avec son épée ? Ne semble-t-elle pas entraîner les autres nations à la suite de ses idées ? Ne rédige-t-elle pas l'ordre du jour de la pensée humaine et n'est-elle pas l'institutrice des peuples qui attendent d'elle les plaisirs et les hardiesses de l'esprit, les joies littéraires et la formule du Vrai ?

Telle est votre France, ô jeunes Français, telle est votre patrie dont j'essaie en quelques mots de bégayer l'éloge ; mais les connaissances que vous avez acquises déjà suppléeront à ma faiblesse. Oui, telle a été votre œuvre dans l'action et dans la pensée. Je dis : votre œuvre, car vos pères n'est-ce pas vous ? Leur sang n'est-il pas votre sang ? Ne vivez-vous pas en eux et ne revivent-ils pas en vous ? A lire, à entendre les hauts faits de vos glorieux précurseurs, n'avez-vous pas senti naître en vous l'orgueil d'appartenir à une si illustre maison, une noble émulation pour soutenir votre nom et votre renom de Français et passer sur vos âmes les souffles exaltants du patriotisme ?

Le patriotisme, c'est cette passion par laquelle nous sommes disposés à sacrifier tout à la patrie, à la préférer à nous-mêmes pour qu'elle devienne grande, forte et prospère, à faire passer son honneur avant tout, sa richesse avant tout, sa primauté avant tout :

« Patriote avant tout, » — c'était le titre qu'estimait par dessus tous les autres ce grand orateur, Léon Gambetta, qui fut pendant l'année terrible le porte-parole de nos douleurs et de nos colères et qui s'est endormi du sommeil éternel, alors qu'il rêvait pour nous des fiertés.

S'identifier avec son pays, jouir dans ses jouissances, souffrir dans ses douleurs, rougir dans ses fautes, être animé pour lui, d'un amour ardent, n'avoir jamais à son égard une ingrate indifférence, se dire : « Je suis Français et rien de ce qui est français ne m'est étranger, » — voilà le patriotisme.

Cette vertu est, je crois, l'effet, la résultante d'un certain nombre de qualités dont les plus importantes sont : la foi dans la patrie, l'esprit de dévouement, le respect de la discipline, le culte du passé, l'amour du présent.

Ayez d'abord, chers élèves, la foi dans votre patrie, — et une foi invincible. Nous sommes dans un temps où bien des âmes énervées se plaignent de manquer de foi, ne savent où se prendre, et vont cherchant partout, sans le rencontrer nulle part, un objet de culte et de dévouement. Eh bien ! la Patrie, c'est la réalité sacrée à laquelle il faut vous attacher de toutes les forces de votre esprit, de toutes les énergies de votre vouloir. Faites d'elle, comme les anciens, votre idéal et votre dieu. Ayez pour elle de l'enthousiasme, de la piété, et même, pourquoi ne le dirais-je pas ? du fanatisme. Ayez surtout une inébranlable confiance en l'avenir de votre pays.

Il faut l'aimer glorieux, il faut l'aimer malheureux.

Il n'y a point de ciel sans nuages. Il n'y a point non plus de patrie sans épreuves et les plus grands peuples, ceux qui sont appelés aux plus hautes destinées, auxquels la nature a fait les dons les plus brillants, sont précisément ceux qui traversent les plus effroyables crises : moments solennels qui montrent vraiment ce que vaut un peuple et qui créent à une nation des devoirs grands comme ses malheurs !

C'est alors qu'il faut ne pas douter de l'avenir de son peuple. Aux jours de fièvre et de deuil, lorsque la victoire se deshabitue de nos drapeaux, il faut espérer même contre l'espérance, se presser fraternellement les mains dans les mains autour de l'image sainte et resserer fortement les liens de cette unité qui fait la force d'un état.

Et d'ailleurs pourquoi douterions-nous jamais de notre Pays ? Ecoutez les magistrales leçons de l'histoire. Elle vous dira qu'au milieu des plus grands désastres le courage de la nation française n'a jamais fléchi et que, grâce à son vif génie, grâce aux souples et rapides ressorts dont son âme est pourvue, elle a échappé aux plus graves périls, aux dangers les plus imminents.

Quelle grande pitié il y avait, Messieurs, au royaume de France au lendemain de la bataille d'Azincourt. Le sieur de Bacqueville, le grand porte-oriflamme, s'y était fait tuer enveloppé de son drapeau et la France semblait être tombée morte près de lui ! Et cependant elle se relève avec une jeune fille de dix-sept ans qui a toute la bravoure, toute la gaîté, toute la furie française et de plus les intuitions lumineuses, l'audace, la décision des grands capitaines. Jeanne d'Arc, cette pure et touchante et poétique figure de l'héroïsme du peuple, descend dans les champs des rives de la Loire et devant sa redoutable épée les Anglais fuient épouvantés.

En 1792, l'Empereur d'Allemagne, le Roi de Prusse et tous les princes du corps germanique se coalisent contre nous. C'était après le règne désastreux de Louis XV. C'était après Rosbach. Notre situation intérieure était déplorable. L'ennemi met le pied sur notre sol. Aussitôt toute la terre française est ébranlée par un effort gigantesque. On sent dans l'air un courant indescriptible, solennel et entraînant, grave et joyeux, martial et confiant, terrible et doux. Il se produit comme une germination spontanée de bataillons de braves. Un peuple de héros se lève à la voix de la Convention pour sauver la patrie en danger et « la victoire en chantant leur ouvre la carrière. »

Nos dernières défaites n'ont-elles pas été inouïes, inexprimables, immenses ? L'heure où elles eurent lieu n'était-elle pas bien de toutes les heures de notre existence nationale la plus désespérée ? Le glas funèbre de la patrie française ne semblait-il pas sonner ? Comme nous étions meurtris, et n'aurions-nous pas pu nous écrier avec le poète :

« Frappe encore, ô douleur, si tu trouves la place. »

Et pourtant la France, environnée de la majesté du malheur, allait fleurir encore pour l'éternelle instruction du monde ; la France, dans un religieux et éloquent silence, allait réparer autant qu'il se pourrait, les plaies que l'Allemagne lui avait faites, déployer toute l'énergie de la plus vigoureuse jeunesse et montrer l'imposante maturité d'un peuple qui aurait vieilli dans les affaires publiques. A peine dé-

barrassée de son suaire sanglant, elle parvient
à se réorganiser, à reconstituer ses écoles et ses
armées, à rendre les institutions politiques con-
formes aux principes populaires et poursuit in-
fatigablement la réalisation définitive de la
liberté dans cette forme harmonieuse de gou-
vernement en dehors de laquelle il ne saurait
plus y avoir ni ordre, ni stabilité, ni légalité, ni
patriotisme véritablement éclairé, dont le nom
est déjà sur vos lèvres et l'amour dans vos
cœurs, — la République.

La France a donc passé par des périodes
lamentables sans nombre avec la sérénité des
choses qui se sentent immortelles. Par son énergie, elle a résisté là où d'autres pays ont
succombé. Au cœur vaillant qu'elle porte en
elle, les épreuves ont pu mordre ; elle a pu
saigner de ses blessures, mais se sentir amoindrie,
jamais !

Souvent laissée pour morte, elle brise la
pierre du sépulcre où on la croyait ensevelie et,
se plaçant sur le chemin de ses ennemis, leur
crie : *Væ victoribus,* — « Malheur à mes vain-
queurs ! »

Souvent elle paraît toucher à la vieillesse et à
la caducité ; mais toujours elle redevient jeune,
se renouvelant comme la nature qui pousse de
jeunes rameaux sur le tronc épuisé des forêts

et tire de l'appauvrissement, de l'affaiblissement même un élément de force et de vigueur.

Ce n'est pas assez d'aimer sa patrie et de croire en sa perpétuité. Un sentiment ne prend de valeur que quand il se réalise dans le monde à l'état de fait. Pour prouver que vous aimez réellement votre patrie et que votre foi en elle est sincère, il faut des actes et non pas seulement des paroles, du sacrifice et du dévouement, et non pas simplement de vaines protestations.

Persuadez-vous que chaque goutte du sang qui circule et palpite dans vos veines, que toute idée qui jaillit dans vos cerveaux appartient à la patrie et que vous lui en êtes redevables.

Rien de grand ne se fait dans un peuple sans cet esprit de désintéressement et de détachement, sans cette immolation constante de nos petits intérêts personnels, de nos mesquines passions privées à la patrie, à la société, au bien général. Devant l'idée du salut public vos ambitions et vos caprices doivent s'effacer.

Songez que vous appartenez avant tout, comme les fils des démocraties antiques, à l'État et à la nation et que vous devez faire de vos individualités une offrande perpétuelle à la communauté française.

Ainsi naîtra en vous l'amour de ces vertus

sociales par excellence : le respect et la discipline. Ainsi vous estimerez le sévère *honneur*
de l'obéissance, oui, l'honneur de l'obéissance,
car, soyez-en bien sûrs, jeunes élèves, ce n'est
pas une humiliation, c'est un honneur d'obéir.
Ainsi vous apprendrez qu'il ne faut jamais émi-
grer de sa patrie soit de fait, soit de cœur, ni
s'affranchir de ces liens qui justement relient
les citoyens et font d'eux cet ensemble consis-
tant et défini qu'on appelle un peuple.

Dans une nation la discipline doit régner
comme dans un régiment sous la menace d'un
danger continu.

« Les armées qui n'ont pas de discipline » —
disait un général de la Révolution, — « sont
toujours battues. » Il en est de même des peuples.

Que la discipline sociale soit dure ou qu'elle
soit douce, il faut adorer sa patrie, éperdûment,
avec une imperturbable fidélité, dans ses
bienfaits et même dans ses rigueurs, comme
on adore une mère jusque dans ses sévérités.

Rappelez-vous le général Hoche. On l'avait
injustement emprisonné à la Conciergerie et il
semblait que ce fils de la Révolution allait au
sortir de sa prison devenir l'ennemi acharné de
la France et de la Révolution. N'allait-il pas
ajouter son nom à cette liste de traîtres fameux :

Dumouriez, Pichegru, Moreau ? Non. Il ne se rangera pas parmi ces âmes vulgaires. Il conservera sans tache, avec l'inviolable honneur et la fermeté des convictions de toute sa vie, l'amour persistant et dominant de son pays. Quelqu'un lui rappelait un jour le châtiment immérité qui l'avait frappé et cherchait à l'exciter contre ceux qui l'avaient persécuté : mais le grand Français arrête brusquement son interlocuteur et lui lance cette noble parole. « Monsieur, est-ce que vous n'avez pas de patrie ? » ·

L'obéissance et la discipline desquelles dépendent le jeu harmonieux de toute la machine sociale, créeront parmi vous l'entente, la concorde, l'union. Un peuple doit être un par la pensée, sous peine de déchoir, de n'être plus, selon l'expression d'un orateur illustre, qu'un « carrefour de marchands et un ramas de corps. » Un peuple où les âmes ne sont plus unies peut conserver pendant quelque temps l'extérieur d'un peuple ; mais en réalité il a cessé d'être un peuple et un accident le rejettera tôt ou tard au nombre des nations qui ne sont plus. Confondez-donc vos âmes en une seule âme, l'âme de la Patrie, travaillez à réaliser cette généreuse unité et ayez présent à la mémoire ce mot des *Commentaires* de César : « La Gaule unie, formant une seule nation, animée d'un même esprit , peut défier l'univers. »

Il n'y a pas, collégiens, pour vous former à ces hautes vertus, pour faire l'apprentissage de ces sentiments élevés, de meilleure école que l'étude du passé. Recueillez avec enthousiasme de la bouche de nos historiens, des lèvres de nos poètes le récit des grandes scènes de notre émouvante histoire. Nourrissez - vous des exemples des aïeux. Prenez conscience du génie de votre race, entrez en communion avec les poètes, les savants, les penseurs, les grands diplomates, les généraux illustres, les politiques profonds et toutes ces puissantes individualités qui sont l'incarnation la plus élevée de notre patrie. Les ombres de nos grands hommes descendront de leur gloire dans les âmes qui voudront leur ressembler et leur apporteront avec la majesté de leur souvenir le courage de faire comme eux. Toujours les fantômes de ces êtres plus sublimes apparaîtront devant vos yeux. Dans toutes vos fonctions , même les plus humbles, ils vous commanderont par des regards plein de beauté et des mots pleins de l'esprit du bien. Ils vous feront don de nouveaux élans et vous enseigneront le chemin des grandes choses.

Aimez, admirez notre passé national, mais cependant sans le regretter.

Il est aujourd'hui une secte bruyante qui étale sans jugement et sans intelligence ses regrets pour toutes les institutions et toutes les idées d'un autre temps. Il est un certain nombre d'esprits chimériques et d'âmes sans force qui se créent une fausse poésie avec des images du passé et qui s'écrient volontiers à chaque innovation, à chaque progrès : *Finis Galliæ !* — « C'en est fait de la France. »

Ne vous joignez pas, mes amis, à ces perpétuels « *regretteurs* » qui, par une impossible *réaction*, voudraient restaurer des états sociaux à jamais disparus. Sans doute il serait impie d'insulter à ces Français, nos frères à travers les siècles, qui ont travaillé à l'œuvre de notre grandeur. Sans doute le passé est plein de gloire. Mais jamais il n'a été l'âge d'or, jamais il n'a été une époque idéale et d'une absolue perfection. D'ailleurs à quoi bon regretter le passé ? De toutes les choses impossibles n'est-ce pas la plus impossible que de refaire le passé ? Il peut être de bon ton pour certaines peasonnes de rire du présent et de pleurer le « bon vieux temps » et l'ancien régime. » Cela sent son grand seigneur. Mais n'ayez point cette infirmité mélancolique, ces regrets inertes et impuissants qui enlèvent aux âmes tout courage, dégoûtent du présent et font douter de l'avenir. Souvenez-vous que l'esprit même des ancêtres est dans ceux qui regardent en avant et que les vertus militaires d'un Chanzy, le vaste génie d'un Thiers font bien plus souvenir de Turenne et de Colbert que les misérables et stériles lamentations de ceux qui voudraient rappeler le XVIIᵉ siècle. Sans être dédaigneux du passé, soyez de votre temps et pleins de confiance. Si cette confiance vous manquait, c'est en vain que la patrie se reposerait sur vous. Vous trahiriez sa sainte cause par un lâche découragement. Il faut avoir de l'entrain, de la jeunesse, il faut de l'espoir, et non de vagues soupirs vers le passé, pour bien livrer, pour bien gagner les batailles de notre temps.

Si vous vous imprégnez de ces sentiments divers : la fidélité à la patrie, l'abnégation sincère, la religion de la loi, l'intelligence du passé, l'amour du présent, — l'héroïsme civique deviendra aussi facile à vos âmes d'hommes que le sourire est facile à vos visages d'enfants. Le patriotisme deviendra pour vous cettte suprême vertu où toutes les autres viendront aboutir.

Dans n'importe quelle situation vous rendrez

des services signalés à votre pays. Agriculteurs, vous continuerez les traditions de nos cultivateurs, ces humbles pères de la patrie, qui, par leurs travaux ont rendu notre terre digne du grand peuple qui l'habite et qui comptent parmi eux tant de braves gens et tant de gens braves. Magistrats, vous mettrez la France dans la paix en y faisant régner la justice et aimer l'honneur. Soldats, vous veillerez sur nos frontières et vous y maintiendrez dans tout son martial éclat l'épée de Tolbiac et de Bouvines, de Valmy et de Jemmapes.

Quel que soit votre rang, votre poste, votre grade dans les diverses carrières et les diverses professions, au sommet comme au bas de la hiérarchie sociale, que vous soyez placés en évidence ou perdus dans la foule, vous avez les mêmes obligations envers la France. Tous doivent se disputer l'honneur de rendre à l'être glorieux les plus humbles services. Le patriotisme est aussi admirable, souvent plus admirable, dans la sphère la plus obscure que chez ceux dont le génie et le dévouement s'illuminent de ce rayon d'immortalité qui tombe où il lui plaît. Quel spectacle est plus magnifique que celui de ce jeune paysan qui quitte son hameau pour aller attaquer une redoute sans nom et se faire hacher dans un fossé afin de sauver un lambeau de toile teint aux couleurs nationales ou qui, échappé à la mort, revient sans récompense reprendre au champ paternel la charrue ou la bêche ? Je voudrais, jeunes élèves, que vous jetiez des fleurs à pleines mains au pied de la statue rêveuse de l'héroïsme inconnu :

> ..... *manibus date lilia plenis*

et honorez, par exemple, ces marins, ces soldats, enfants perdus de la gloire, qui tombent ignorés là-bas, au pays d'Annam et sous le ciel du Tonkin, de ce même sentiment d'admiration que vous avez éprouvé en apprenant la mort de cet intrépide contempteur du danger, de de ce chevaleresque amant des voluptés du péril, — Henri Rivière. Imitez le désintéressement de ces humbles et de ces simples, insoucieux de leurs jours, ignorants d'eux-mêmes, également étrangers aux grandeurs de leur existence et de leur trépas, qui s'oublient et se dévouent jusqu'à la mort, sans se demander s'il leur en sera jamais tenu compte. Que votre dévouement soit récompensé ou non, que la reconnaissance publique vous élève des monuments ou que vous deviez reposer obscurément dans quelque sillon perdu, faites tout votre devoir et pensez que vous n'avez rien fait s'il reste encore quelque chose à faire.

Le moment viendra peut-être pour vous, jeunes gens, de déployer les vertus civiques les plus hautes. C'est peut-être vous qu'attendent les heures solennelles de la patrie, c'est peut-être sur vous qu'elles ont compté. A une époque rapprochée peut-être commencera la lutte décisive et terrible pour la vie nationale. Il est peut-être là, le monstre sanglant des batailles qui fait trembler les mères et défaillir le cœur des pères! J'ai souvent entendu dire : « C'est la génération actuellement sur les bancs des écoles qui sauvera la France au moment du danger. » Entendez-vous ces mots : « Sauver la France ! » Pensez-vous à la grandeur du destin qui vous est peut-être réservé? Manquerez-vous à votre tâche à l'heure du grand tumulte et du choc des grandes épées? Ne serez-vous pas

> ..... les dignes fils de cette terre de Gaule
> Qui jadis ne craignait que la chute du ciel,

de cette terre dont Horace a dit dans une de ses odes qu'elle ne connaissait pas la terreur ? N'aurez-vous pas la vertu sans défaillance des courageux aînés qui sont morts ? Ne serez-vous pas les dignes frères d'armes de tous ces héroïques jeunes gens, de tous ces soldats sans peur et sans reproche, tels que les Gustave Lambert et les Henri Regnault, qui, pendant la guerre de 1870, allaient au danger, poussés par un instinct facile, léger, ailé en quelque sorte, qui honoraient l'insuccès et glorifiaient la défaite ?

Oh ! oui, chers jeunes amis, vous ne serez pas inférieurs à vos devanciers, nous n'en doutons pas, et vous serez plus heureux, nous l'espérons. Comme eux vous mûrirez au feu des nobles sacrifices et vous ne reculerez pas plus qu'eux devant les dangers généreux et féconds.

Dans l'Athènes antique, sous ce ciel pur, élégant et fin comme les chefs d'œuvre de la poésie ou de l'éloquence athénienne, toute la nation se distribuait en chœurs aux jours des réjouissances publiques. Le chœur des vieillards chantait : « Nous avons été des jeunes hommes pleins de forces. » Celui des hommes faits répondait : « Nous le sommes aujourd'hui, viens en faire l'épreuve, si tu en as envie. » Et celui des enfants ajoutait : « Et nous, nous serons plus vaillants encore. »

Vous aussi, jeunes générations pour lesquelles la République fait tant et tant de sacrifices, vous serez plus vaillantes encore. Nous apercevons en vous l'éclat matinal et la splendeur printanière de la patrie de l'avenir. Nous vous voyons déjà apporter à la nation vos ardeurs spontanées et votre sève. Nous vous voyons vous avancer dans la vie, sachant manier le fusil et le livre, aimant aussi bien les accents du clairon qu'un beau morceau de poésie, ayant au cœur ce double sentiment qu'on ne sert bien sa patrie qu'en la servant de son bras et de sa raison. Avec cette chaleur d'enthousiasme qui est de votre âge et que réveille le moindre choc, vous vous préparerez par la gymnastique d'une laborieuse activité à remplir tous les devoirs sacrés que le pays exigera de vous et auxquels on ne saurait se soustraire sans forfaiture. Et la France, en vous voyant nourris du pain des forts et solidement trempés, pourra vous confier en toute assurance la défense de ce drapeau dans les plis duquel frémit l'honneur du pays. En vous remettant cette mobile et radieuse image de la Patrie, elle pourra vous redire le mot de Bayard à la défense de Mézières : « Il n'y a point de place faible là où se trouvent des gens de bien » ou mieux encore la parole de Jeanne d'Arc à ses soldats sur les remparts d'Orléans : « En avant, en avant, tout est vôtre ! »

Avec cette jeunesse intelligente et coura-
geuse, ô ma patrie libre et républicaine, avec ta
vie puissante et ton inépuisable fécondité, tes
ressources admirables et tes trésors de force,
vieille Gaule aux souvenirs héroïques et char-
mants, nation de poètes et d'artistes, de soldats
et de citoyens, terre dont les moindres coins
perdus évoquent de glorieux fantômes, — non,
tu ne saurais mourir, et ton resplendissant
génie continuera de guider l'humanité en
marche vers le Progrès !

LOUDUN. — IMPRIMERIE A. ROIFFÉ, 14, PLACE DE LA BŒUFFETERIE.